一个美国游子眼中的中国

梁思韶　著/摄影

目录

一个美国游子眼中的中国

一个美国游子眼中的中国

序

这册子里，是近几年拍的照片，辅以一点点文字。

年前，偶然给一位做编辑的朋友看看自己拍的照片，朋友建议可以出一本书，于是就萌生了出这本摄影集的念头。

这些年来，人都好像在漂流似的，香港、日本、美国和北京……在这本摄影集里，记录了这些日子的生活。

照片，是早选好的了，前半部主要以年前在北京的见闻点滴为主，也有部分是路经香港时拍摄的。后半部（请由书的另一面开始观赏，本摄影集有两个封面）则是在美国的生活文化体验。

文字，是初次踏足北京的感觉，加上长期在美国生活的感受。写的内容经历了几番改动，本来摄影集是以照片为主的，但后来又加上了文化比较的任务。写了不少内容之后，又觉得脱离了本书的主旨，结果还是把文字修改为简洁抒怀，变成你看到的这个样子。两部的风格各有不同，前部侧重个人感受，后部则侧重文化观察，但都是作者有感而言。

是为序。

北京地铁八通线九棵树站清晨

是那一线晨曦唤醒了我沉睡的感官。去吧，把这城市的神韵捕捉下来，用我游子的眼瞳。

九棵树站外

华贸中心

炫耀

炫

看京城文物，就像遇上个慈祥老人，在娓娓道来一个又一个的远古旧事。

北京故宫外回望

秋

仰望苍穹，同一片辽阔的蓝空，看尽了几许宫廷较量；同一片蓝天之下，营营役役间，几代王朝丧失了多少风土人情。

十月京城

是玩耍，还是教训？

一叶知秋　元大都城垣遗址公园

通州运河河畔

凝

被眼前的景物吸引入神，凝望之际不觉用相机悠然摄下。

通州的落日

约定

通州运河河畔

北京二环内的旧宅外望

昔

缺课的午后

在北京市中心新颖的建筑群里，会找到好些像我在京时的住处一样旧时的大楼。看似宁谧的住宅大楼，拐个弯的路口外，就是比肩接踵的人流。那陈旧住处，令我想起童年旧居：长长走廊的一个单元里，在卧房睡床上经常卧病缺课幼年的自己。幼时身体常生病，几乎每星期都缺课，躺在床上想要到外面玩，妈妈总哄我吃好药就可到外面玩。到了外面，才发觉其他孩子都上学去了。一个人，靠在走廊尽头七楼的栏杆，眺望楼下的公园和远处的球场、蔚蓝的天空和未可知的未来。

长长的，领我回到童年的走廊

忆记

名胜内的门槛

中关村图书大厦
zhongguancun book building
电话: 82676696/97/98
网址: www.zgcbb.com/index.asp
北京市海淀区北四环西路68号

在北京买的第一捆书

恍

独个儿去书店，付钱时手忙脚乱，弄不清各种钞票的面额，结巴地和服务员搭讪，告诉她我是第一次在北京买东西，她眼睁睁地望着我，听不懂我说的国语。心一下怯了，忽地觉得自己是个异邦人，却分明感觉在母亲的怀抱里。

北京王府井书店

富贵有余　新春吉祥物

惗　　北京一工艺店内

“橘”

也是买东西的时候。到星巴克，想要橘子汁，但却不懂“橘”的发音。平时爱看书，字认得不少，可是很多字都因为没听过，不知怎么发音。情急下，英文就说出口了。看来，要做个地道中国人，还是有一定难度。

橘

香港太平山山顶餐厅一隅

回忆　　老旧却鲜明

夜游汕头

盼

京港途中

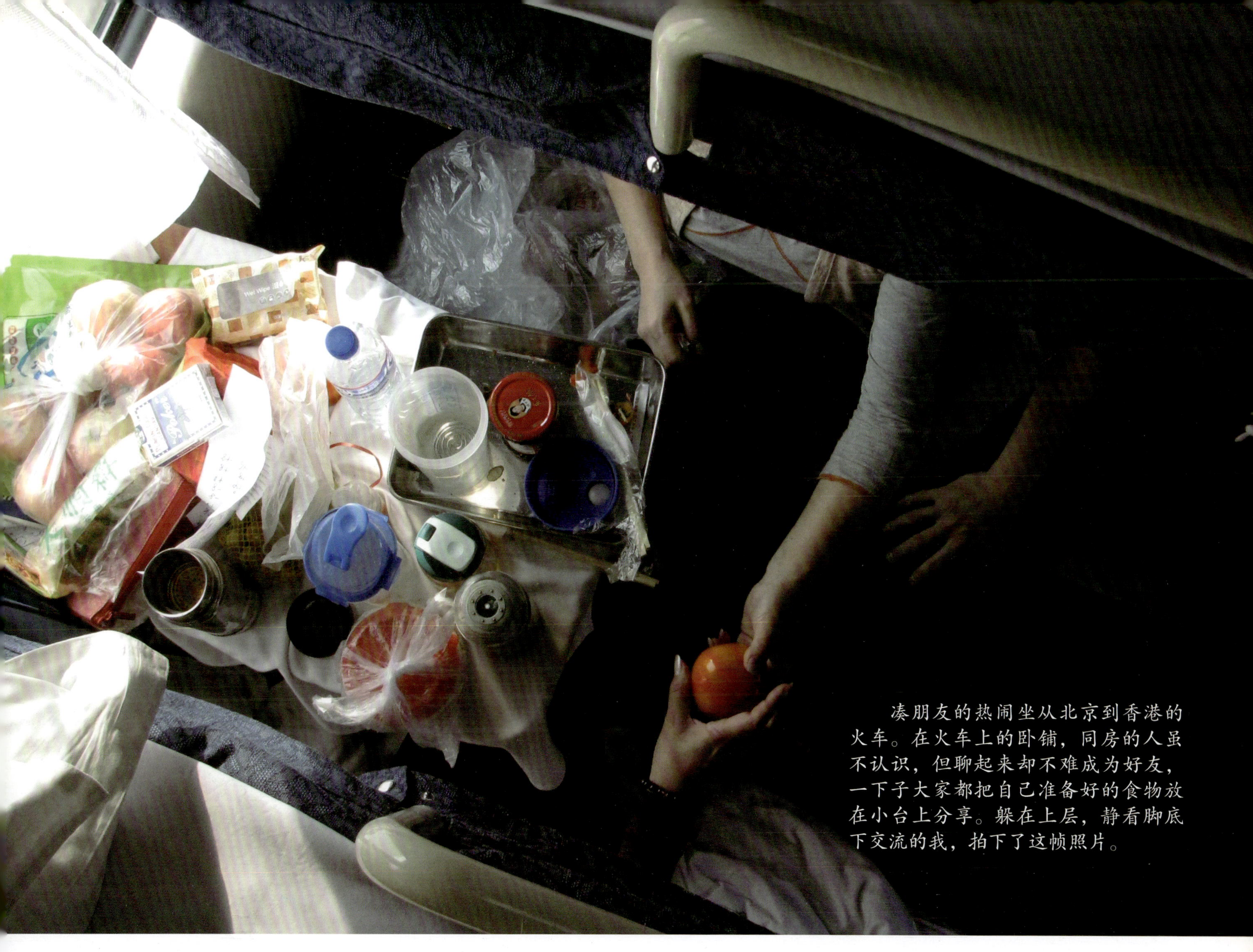

凑朋友的热闹坐从北京到香港的火车。在火车上的卧铺，同房的人虽不认识，但聊起来却不难成为好友，一下子大家都把自己准备好的食物放在小台上分享。躲在上层，静看脚底下交流的我，拍下了这帧照片。

从北京前往香港的火车上分享食物的同路人

广场上穿梭不息维持卫生的人员

北京街头上的工艺切磋

香港西环某年盂兰盆节的晚上

超忙，朋友却坚持要在临走前见一面，结果是三个人两台车。站在北京北面奥运村外的马路旁，邂逅、寒暄、道别。只约十分钟光景，已教我深深感动。

谊

傍晚的王府井外

来不及了！

北京西站附近

仁

北京地铁一瞥
外语不好的，不只我一人

看到公车上，售票员嚷着要坐着的乘客让位给有需要的乘客的情境，我以为已经失落的那份人情，在这发展飞跃的都市里，是保存下来了。

当你欣赏一朵花时，花也在欣赏你

花

煦

太丰盛的午餐

在日本读书的日子，很穷。每月有一个星期六，是日本马会办公大楼大扫除的日子，这活可以干一整天，为了下学期的学费，当然不会放过这做兼职赚钱的机会……好不容易等到星期六，做了半天，终于到了午饭时间，但自己根本没钱吃饭，于是跑到外面逛街，装着是到外面吃饭的样子。回来后，其他人还在吃。我坐下来和同事闲聊，有人问我吃过饭没有，那时候我还不像今天能说流利的谎话，只好支吾以对，旁边的人看出我没吃饭，就把他的便当一半给我。看到他的举动，他旁边的人也把他的一半给我，坐在对面的人看到，也把他的给我。跟着是房内每个人都把便当的东西分给我。眼泪很快就溢满眼眶，于是匆匆低头吃饭，久久说不出话来。

这顿午餐，我一生都不会忘记。

傍晚时分香港上环的杂货店

YEBISU
新宿食堂
まいど おおきに
座敷宴会場増設
100名迄 カラオケ付
新しいタイプの
村さ来
3F
2F
THE 居酒屋
新宿食堂
冷奴 200
ひしき煮 200
コロッケ 200
高野豆腐 250
せんまい 250
きんぴら 250
新宿食堂

日本东京新宿

你是在温室中长大的孩子吗？　　香港旺角

一个小孩蹲在地上和狗儿聊天　　香港大澳

在这地方长大，能不教父母操心？　　香港荃湾

闲

长大一　九龙佐顿的高密度商住大楼

长大二

北京三里屯消费带

从尖沙咀遥望维多利亚港紫色的黄昏

北京某食肆男洗手间内的温煦灯光

旺

香港赤柱的情侣

北京街头售卖的小玩意儿

香港佐顿小雨后的一条陋巷

每次回港大概都会看到一些建筑物和道路的改变，很多外地回来的人都说受不了。但，香港有什么时候静下来过？

每次回来，有这么那么一点的不同，才像香港。

如果一个朋友架了眼镜、留了胡子，你可以说他变了吗？

但……

如果一个人以往是朝气蓬勃的，如今变得失去斗志，老闹脾气，那才是真正的改变。

这个人，真有点像现在的香港，唉。

团结

离去　北京体育大学内一梯间

离开了登机柜台，想起在京时的种种，教我伫立良久，依依不去。

不舍　　北京机场

无论你在哪里
只要记着
最光辉的日子不在过去
而是在不久的未来
那你就可以飞得更高
更远

后记

就沾一点技术上的事情说说吧。

本来就是个不爱矫饰的人，您方才看到的照片，基本上都没有 PS 过，怎样拍下来，就原原本本地放到书上，但为了方便排版，有时你会看到一些方型的或不是原来比例的照片，那就是经过 PS 剪裁的。大部分照片用的照相机也是一千元人民币不到的“傻瓜相机”。不但事后没有加工，拍摄时也没有经过多少调校，基本上都是用感觉来拍摄的。

就是这样。

静

史丹福大学内的教堂

公车女王

在美国坐公车，你会看到黑人总往车尾钻。上世纪的美国，有对黑人不公平的种族隔离法案。巴士种族隔离法，限定黑人只可以坐在公车的第十一排或更后的位置，要是前排坐满了，黑人更得让位给没位坐的白人。因为这法例，从此便养成黑人坐后排的习惯。1954 年，当时还是蛮害羞的派克斯（Rosa Parks）女士拒绝了司机要她让位给白人的“命令”，她说她和白人付同样的车费，没理由要把坐位让给他们。结果她被警察拘捕，警察的行动引发了黑人的不满，导致长达一年的黑人罢坐公车行动，最高法院最终宣判种族隔离法违宪。宣判翌日，派克斯女士和黑人民权运动领袖马丁·路德·金博士一起坐公车，还坐上了公车的第一排。

cta bus stop
ONE WAY
145 MICH EXP TO
P610
7598
cta
FILENE'S BASEMENT

挣

芝加哥的公车

在香港坐地铁，没有不排队的，但如果在上班时间，就是队排好了，车一来，门一开，秩序还是很乱的，大家忘我地夺位子，场面比较难看。

在美国，很多时是没人排队的。可车来时，不会出现争先恐后的现象，大家都从容不迫地上车，上车后也不会硬往空位处冲。甚至有时有空位子，有人还是会站着。外国人的思维，就是不一样。

地铁里的异国风情

通往波士顿机场的隧道

抓到了　　　圣塔莫尼卡海滩上

在廊下哭的孩子

一位日裔同学，当他还是跟爸妈睡的小孩时，就已经很懂关怀别人了。晚上睡觉做噩梦，要哭了，为了不吵醒爸妈，他就忍着，静静跑到走廊外才哭，哭完了，才回到床上再睡。虽然在美国出生长大，但他血液里还是流着体恤旁人的典型日本血统呢。

沙滩

美国是世上油耗量最大的国家

汽车和环境，哪个重要？

站在贯通南北的通州运河河畔，让我想起横断美国的高速公路。

幼时总听说在1865年–1869年，大量中国劳工到了美国，面对艰苦的环境，参与兴建纵贯美国铁路的工作，华工的死亡率高达10%以上。但为何现在交通的主角是高速公路，而不是发展在前的铁路？铁路建设的大业早已完成，美国各主要城镇都有铁路直达，是什么让好好的铁路网荒废了？

20世纪初叶，美国开始发展汽车业，汽车商看准了这个庞大的市场，雇用有力的说客(lobbyist)在国会发言，说服了政府，改为发展公路，有意无意间忽略了铁路和公共交通的发展。牺牲了公共运输系统不用的美国，就此成就了三大车厂（福特、通用、克莱斯勒）的蓬勃发展。这其中也有段小插曲：初始汽车厂是汽油车和电力车一起研发的，但由于汽油商的推波助澜，车商就把电力车的发展计划搁在一旁，直到近年石油危机再现，车商才再次发展比较环保的电力汽车。

一直处于可有可无状态的铁路网

美国的公路网十分完善

喝彩

圣塔莫尼卡某游乐场内一景

你看不到我的

被老师耍的老师

中国的节日总是以日子算的，八月十五是中秋，重九那天要登高。有没有想过，节日是以一周内的哪天算的？对，美国的假期大都落在周一，比方说民权领袖马丁·路德·金的诞辰纪念日（其实金先生的生日是一月十五日）是一月的第三个星期一，亡兵纪念日是五月的最后一个星期一，劳动节是九月的第一个星期一，这是由于政府想令人有多些一连三天的长周末，所以在 1971 年实行了“统一周一假期法案”(Uniform Monday HolidayAct)，把大部分假期都“搬”到周一去。这是注重“节气”的我们难以想象的。说起大部分假期落在周一，让我想起以前有位敦厚的教授，有一个学期他和另一位教授合作教授一门课程，学校的班制是一周上周一、周三和周五的课，再不就上周二和周四的课。另一位教授怎也要争取教一、三、五的班，开课以后，我的教授才明白另一位教授把假期都挪到自己的档下了，直让他气结了整个春天。

圣地亚哥街上沐浴在阳光中的一尊佛像

佛像旁的寺院入口

日本城

二次大战时，和日本开战的美国政府，因为害怕“外来的敌人”，忘了日裔美国人也是美国公民这事实，有理没理把全国的日裔美国人送到美名为“重新安置中心”的集中营去。接近十二万的日本人（大部分是美国公民）被迫在短时间内变卖房地产和生意、被流放到偏远地区的十个安置中心。

战争结束，重返家园的日裔才发现自己已无家可归，比方说旧金山，五千日裔因为被强制迁徙时太过仓猝，房子随后就被到来做工的非裔劳工雀巢鸠占。旧金山重建局花了很大气力，把日本城重塑，直到上世纪60年代才稍见规模。但受到二战屈辱的日本人却另有想法：他们很想下一代溶入到主流社会里去。于是在日本城的日本人，尤其是年轻的，都悄悄溜走，隐身到主流社会中去。

烛光

Abraham Bomba
Holocaust Survivor
Barber who escaped Treblinka and survived in hiding

大屠杀的生还者

每个号码都是一个牺牲者

用百万人的性命搭起来的玻璃塔

在波士顿的市中心，有六座玻璃塔，每块玻璃都印满了一大堆号码，了解后才知每个号码都是一个二战时被德国关在欧洲集中营的人，很多还成了大屠杀的牺牲者。那年代据说有六百多万犹太人被抓了起来。由这六座玻璃塔构成的 The Holocaust Memorial 大屠杀纪念碑，每座都代表一个二战时的欧洲集中营。德军起初以枪弹处决犹太人，后来索性用毒气，被送到毒气室的人还以为那是浴室，直至淋浴喷头放射出来的不是水……

从塔内出来，正在追思亡灵的时候，头上有只海鸥掠过

每座玻璃塔都代表一个二战时的集中营

失衡的价值观

在对钱财的看法方面，我觉得美国人有比香港人优越的地方。

至少到现在还没有听过有几个美国人（不是没有，但实在很少）因为周转不开而要去自杀的。在金融风暴后才知道，原来不少美国人都是 live on credit(靠信用卡维持生计)的。先使用未来钱的风气很普遍。很多人对负债都“淡然处之”，月尾只付信用卡的利息了事，甚至到追债公司找的时候，就申请破产。几年后又是好人一个。

进进退退身不由己的小泡沫

钱钱钱钱

黄昏时分

晚霞

你将会坐在什么位子上？

为了公平

求职履历？姓名、性别、年龄、学历、工作经验、照片，缺少一项都不行吧？不，在美国，由于有防止歧视和隐私法律，很多东西都不需呈报。只要和工作范围无关的，年龄、种族、婚姻状况都可以略去。也因如此，所以很多应征者是男是女、大概的年纪，都是在见面时才有个概念。这就是立法者的一番苦心：让一些弱势或少数群体都有得到面试的机会。朋友中发生过这样的一件趣事：因为亚洲来客多，机场需要许多双语保安员，我的朋友因为通晓几种方言，于是就抱着玩玩的心情去应征，哪知却得到面试的通知，到见面时，考官才知道朋友是个六十多岁的长者，但经过考核之后，却认为朋友有能力应付工作，也就录取了我这位已届退休年龄的老朋友。

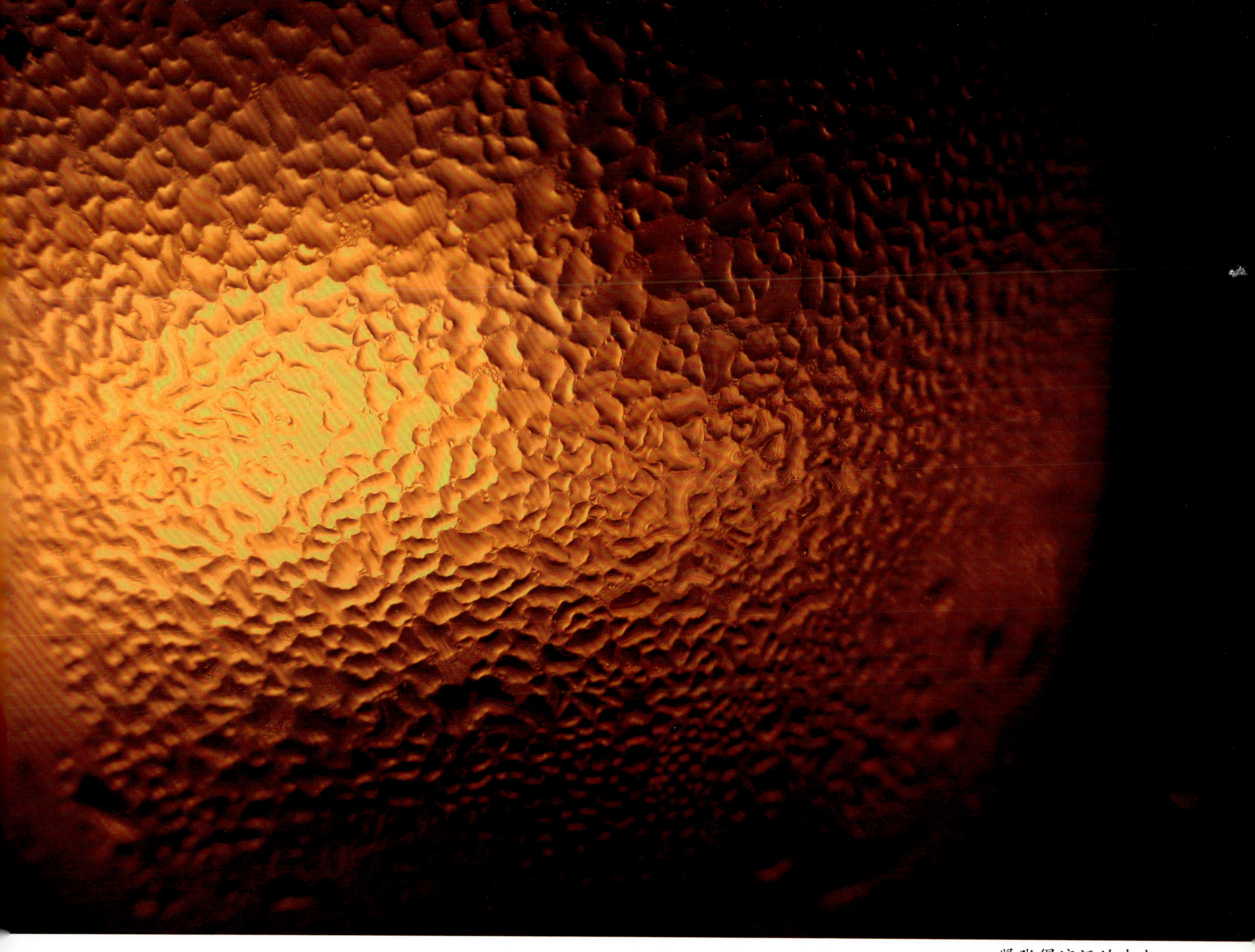

紧张得滴汗的冰水

波士顿的意大利餐厅

食桌上的个人主义

中国人吃东西，总是把菜放中央，大家一起吃。就是吃西餐，自己的菜来了，也会问旁人要不要尝尝。老外呢，是每人一份，菜不管是否相同，都只会在自己“份内”耕耘，基本上不会想到和别人分享。这表现出了文化上的个人主义。

凝望海的午后

加拿大维多利亚港

有恃无恐的过路人

过马路要看车？ 那倒不必，如果你在美国的话。在美国，路人有绝对优先，开车的人都像习惯了，远远看到路人要过马路，都会放缓车速，要是路人举步的话，汽车通常都停下来让人先过。久而久之，美国的路人都养成了不甚理会路面情况的习惯。更有甚者，在过马路时，非但不看车，还把头别过另外一面来过马路。这也反映出美国人自我中心的性格：我有 right，你怎也得让我。

华盛顿市中心

中学生美式足球比赛　　加州圣马刁县

太浩湖积雪滩上闲荡的父与子

美国人和中国人在家庭观念上有很大分别，中国人很注重传承与和谐，美国人则很看重他们立国之本的独立自主精神。美国人会把孩子在襁褓时期就放到婴儿床上去，孩提时就分他个房间，让他去开发自己的小宇宙，十多岁上大学，也就是青年出走的时候。当然，近年无论欧亚都出现了许多一直黏附在父母家，独立生活有困难的宅女宅男和长不大的 kidult，但其精神基本没变：长到正常的时候都会飞走。

太浩湖的冬树

在沙滩上像等待着什么似的小石

静看流逝时光中的一刹

年轮

思念

干吗拍我！

伫

在圣丹斯国际电影节 (Sundance Film Festival) 电影“明日好运到” (Better Luck Tomorrow) 的答问会上，有人不满片中亚裔青年的不良行为，认为这样会丑化亚裔，质问导演林诣彬 (Justin Lin) 是否应把亚裔美国人拍得“正面”点以提高亚裔社区的形象。著名影评人 Roger Ebert 站起来就说：“你不会这样问一个白人导演(电影人)吧！”

对，为什么一定要把亚裔美国人形容成善良、优秀、用功？我们根本就无须向其他族裔交代我们的定位。

黄昏　　波士顿景一

黄昏　　波士顿景二

看海　　　圣地亚哥

嬉皮士文化发源地海德街上的一个小铺面

伸延

洛杉矶圣卡塔利娜岛

要忙吧，你也可以。十五岁的加州女孩 Emily Blair，得到一批指定作非牟利用途的 T 恤，她把一个为反人口贩卖活动筹款的演唱会的消息印在 T 恤背面，分发给学校的同学。结果那个演唱会 (The “HEAT” Concert) 筹了五千多块钱，她把那笔钱，全数给了一个专门帮助罪案中的受害人和证人，叫家庭司法中心 (Family Justice Center) 的非牟利机构。

在学时的杨致远创立了雅虎；陈士骏在工余建立了 Youtube；我在家里为这册子插科打诨时，也会不时看一下马克·扎克伯格在哈佛读书时成立了的 Facebook。

美国就是这么样的一个地方，在生活上，被人情世故弄得身不由己的情况比较少见，但到底是随波逐流，还是在平和的生活中掀起一番作为，全看你的意愿。

波士顿大学神学院外

西雅图街头的马赛克石阶

足印

生

说说美国的一些什么

在美国，最大的感觉是那空间感，个人的空间很大，好的是你做什么都行，整天抱着个吉他也好、拿个笔记本画画也好、写作也好、到海边走走也好，基本没人管你。不好的是你什么都不做也行，生活简单，求个一宿两餐不难，之后你可以坐在窗前，看着灿烂的阳光渐变成绚丽晚霞，然后一切入夜归零。时间可以就这样悄悄溜走，在你呆凝着些什么的时候。

加州　　旧金山

一九六八年纠下的结

图书在版编目（CIP）数据

一个美国游子眼中的中国　一个中国游子眼中的美国/梁思韶著. —哈尔滨：黑龙江教育出版社，2012.10

ISBN 978-7-5316-6746-9

Ⅰ. ①一…　Ⅱ. ①梁…　Ⅲ. ①社会生活－中国－现代－摄影集②社会生活－美国－现代－摄影集
Ⅳ. ①D669.3－64②③D771.28－64

中国版本图书馆 CIP 数据核字(2012)第 222337 号

一个美国游子眼中的中国
一个中国游子眼中的美国
YIGE MEIGUO YOUZI YANZHONG DE ZHONGGUO
YIGE ZHONGGUO YOUZI YANZHONG DE MEIGUO

作　　者　梁思韶
责任编辑　宋舒白
装帧设计　冯军辉
责任校对　石　英
出版发行　黑龙江教育出版社(哈尔滨市南岗区花园街 158 号)
印　　刷　北京市全海印刷厂
开　　本　700×1000　1/16
印　　张　7.75
字　　数　50 千
版　　次　2012 年 12 月第 1 版　2012 年 12 月第 1 次印刷
书　　号　ISBN 978-7-5316-6746-9
定　　价　48.00 元

作者邮箱　zustor@gmail.com

一个中国游子眼中的美国

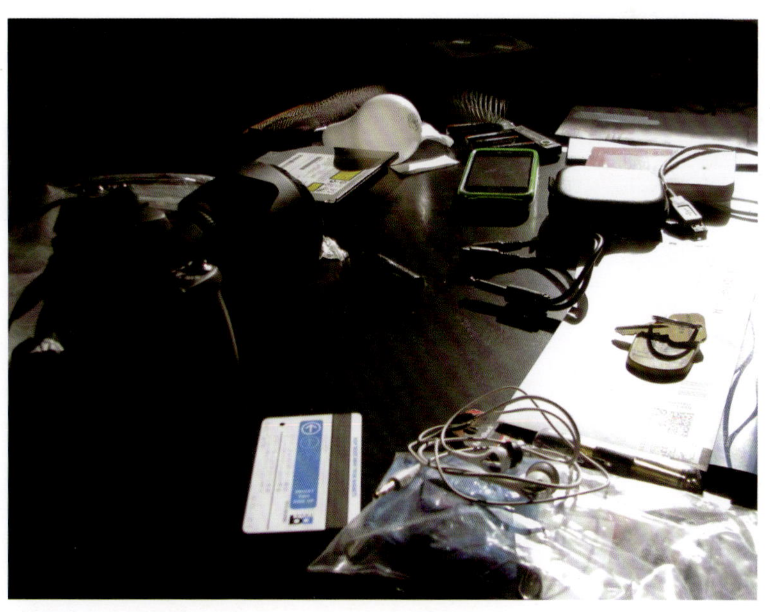

一个中国游子眼中的美国

梁思韶　著/摄影